欽定四庫全書　集部十

提要

珠玉詞　詞曲類一　詞集之屬

臣等謹案珠玉詞一卷宋晏殊撰殊有類要別著錄馬端臨經籍考載殊詞有珠玉集一卷此本為毛晉所刻與端臨所記合蓋猶舊本名臣錄亦稱殊詞名珠玉集張子野為之序子野張先字也今卷首無先序蓋傳寫佚

之矣殊賦性剛峻而詞語特婉麗故劉攽中山詩話謂元獻善馮延巳歌詞其所自作亦不減延巳趙與旹賓退録記殊幼子幾道嘗稱殊詞不作婦人語今觀其集綺艶之詞不少蓋幾道欲重其父名乃故作是言非確論也浣溪沙春恨詞無可奈何花落去似曾相識燕歸來二句乃殊示張寺丞王校勘七言律中腹聯復齋漫録嘗述之今復填入詞内

豈自愛其造語之工故不嫌複用許渾集中一罇酒盡青山暮千里書回碧樹秋二句亦前後兩見知古人嘗有此例矣

六一詞　詞曲類一　詞集之屬

臣等謹案六一詞一卷宋歐陽修撰修有詩本義別著録其詞陳振孫書録解題作一卷此本為毛晉所刻亦止一卷而於六十家詞總目中注原本三卷蓋廬陵舊刻兼載樂語

分為三卷晉刪去樂語仍併為一卷也曾慥樂府雅詞序有云歐公一代儒宗風流自命詞章窈眇世所矜式乃小人或作艷曲謬為公詞蔡絛西清詩話云歐陽詞之淺近者謂是劉煇偽作名臣録亦謂修知貢舉為下第舉子劉煇等所忌以辭蓬萊望江南詞誣之則修詞中已雜他人之作又元豐中崔公度跋馮延巳陽春録謂其間有誤入六一詞者

則修詞又或竄入他集當在宋時已無定本矣晉此刻亦多所釐正然諸選本中有梅堯臣少年遊闌干十二獨凭春一首吳曾能改齋漫録獨引為修詞且云不惟聖俞君復二詞不及雖求之唐人溫李集中殆難與之為一則堯臣已别有詞此詞斷當屬修晉未汰此詞尚不能無所闕漏又如越溪春結語沈麝不燒金鴨玲瓏月照梨花係六字二句集

內尚沿坊本誤玲為冷瓏為籠遂以七字五字為句是校讐亦未盡無訛然終較他刻為稍善故今從其本焉乾隆四十五年九月恭校上

總纂官臣紀昀臣陸錫熊臣孫士毅

總校官臣陸費墀

欽定四庫全書

珠玉詞

宋　晏殊　撰

點絳唇

露下風髙井梧宮簟生秋意畫堂筵啓一曲呈珠綴天外行雲欲去凝香袂爐煙起斷腸聲裏斂盡雙蛾翠

浣溪沙 舊刻十三闋放青杏園林煮酒香是永叔作今删去

閬苑瑶臺風露秋整鬟凝思捧觥籌欲歸臨别強遲留

月好謾成孤枕夢酒闌空得兩眉愁此時情緒悔風

流

又

三月和風滿上林牡丹妖豔直千金惱人天氣又春陰

為我轉回紅臉面向誰分付紫臺心有情須殢酒盃

深

又 向誤入南唐二主詞

一曲新詞酒一盃去年天氣舊亭臺夕陽西下幾時迴

無可奈何花落去似曾相識燕歸來小園香徑獨徘徊

又

紅蓼花香夾岸稠綠波春水向東流小船輕舫好追遊漁父酒醒重撥棹鴛鴦飛去却回頭一盃銷盡兩眉愁

又

淡淡梳粧薄薄衣天仙模樣好容儀舊歡前事入顰眉

閒役夢魂孤燭暗恨無消息畫簾垂且留雙淚說相
思

又

小閣重簾有燕過晚花紅片落庭莎曲闌干影入涼波
一霎好風生翠幕幾回疎雨滴圓荷酒醒人散得愁
多

又

宿酒纔醒厭玉巵水沉香冷嬾薰衣早梅先綻日邊枝

寒雪寂寥初散後春風悠颺欲來時小屏閒放畫簾
垂

又

綠葉紅花媚曉煙黃蜂金蕋欲披蓮水風深處嬾回船
可惜異香珠箔外不辭清唱玉樽前使星歸覲九重
天

又

湖上西風急暮蟬夜來清露濕紅蓮少留歸騎促歌筵

為別莫辭金盞酒入朝須近玉爐煙不知重會是何年

又

楊柳陰中駐彩旌芰荷香裏勸金觥小詞流入管絃聲只有醉吟寬別恨不須朝暮促歸程雨條煙葉繫人情

又

一向年光有限身等閒離別易銷魂酒筵歌席莫辭頻

滿目山河空念遠落花風雨更傷春不如憐取眼前人

又

玉椀氷寒滴露華粉融香雪透輕紗晚來妝面勝荷花鬢嚲欲迎眉際月酒紅初上臉邊霞一場春夢日西斜

清商怨 向誤入歐集按詩話或問元獻公鴈過南雲云云確是公作今增入

關河愁思望處滿漸素秋向晚鴈過南雲行人回淚眼

雙鸞衾裯悔展夜又永枕孤人遠夢未成歸梅花聞
塞管

菩薩蠻

芳蓮九蘂開新豔輕紅淡白勻雙臉一朶近華堂學人
宮樣妝　著時斟美酒共祝千年壽銷得曲中誇世間
無此花

又

秋花最是黃葵好天然嫩態迎秋早染得道家衣淡妝

梳洗時　曉來清露滴一一金盃側插向綠雲鬢便隨
王母仙
又
人人盡道黃葵淡儂家解說黃葵豔可喜萬般宜不勞
朱粉施　摘取承金盞勸我千長算擎作女真冠試伊
嬌面看
又
高梧葉下秋光晚珍叢化出黃金盞還似去年時傍闌

三兩枝　人情須耐久花面長依舊莫學蜜蜂兒等閒
悠颺飛

訴衷情　舊刻八首攷海棠珠綴一重重是子瞻作今删

青梅煮酒鬪時新天氣欲殘春東城南陌花下逢著意
中人　回繡袂展香茵叙情親此時拚作千尺游絲惹
住朝雲

又

東風楊柳欲青青煙淡雨初晴惱他香閣濃睡撩亂有

啼鸎　眉葉細舞腰輕宿粧成一春芳意三月和風牽
繫人情

又

芙蓉金菊鬭馨香天氣欲重陽遠村秋色如畫紅樹間
踈黃　流水淡碧天長路茫茫憑高目斷鴻雁來時無
限思量

又

數枝金菊對芙蓉搖落意重重不知多少幽怨和露泣

西風　人散後月明中夜寒濃謝娘愁臥潘令閒眠心事無窮

又

露蓮雙臉遠山眉偏與淡妝宜小庭簾幙春晚閒共柳絲垂　人別後月圓時信遲遲心心念念說盡無憑只是相思

又

秋風吹綻北池蓮曙雲樓閣鮮畫堂今日嘉會齊拜玉

爐煙　斟美酒祝芳筵奉觥船宜春耐夏多福莊嚴富貴長年

又

世間榮貴月中人嘉慶在今辰蘭堂簾幙高卷清唱遏行雲　持玉盞斂紅巾祝千春榴花壽酒金鴨爐香歲歲長新

採桑子

春風不負東君信徧折羣芳燕子雙雙依舊銜泥入杏

梁　須知一盞花前酒占得韶光莫話匆忙夢裏浮生足斷腸

又

紅英一樹春來早獨占芳時我有心期把酒攀條惜絳蕊　無端一夜狂風雨暗落繁枝蝶怨鶯悲滿眼春愁說向誰

又

陽和二月芳菲徧暖景溶溶戲蝶遊蜂深入千花粉豔

中　何人解繫天邊日占取春風免使繁紅一片西飛
一片東

又

櫻桃謝了梨花發紅白相催燕子歸來幾處風簾繡戶
開　人生樂事知多少且酌金盃管咽絃哀慢引蕭娘
舞袖迴

又　石竹

古羅衣上金針樣繡出芳妍玉砌朱欄紫豔紅英照日

鮮佳人畫閣新妝了對立蠆邊試摘嬋娟貼向眉心學翠鈿

又

時光只解催人老不信多情長恨離亭滴淚春衫酒易醒梧桐昨夜西風急淡月朧明好夢頻驚何處高樓雁一聲

又

林間摘徧雙雙葉寄與相思朱槿開時尚有山榴一兩

枝　荷花欲綻金蓮子半落紅衣晚雨微微待得空梁
宿燕歸

酒泉子

三月暖風開却好花無限了當年叢下落紛紛最愁人
長安多少利名身若有一盃香桂酒莫辭花下醉芳
茵且留春

又

春色初來徧被紅芳千萬樹流鶯粉蝶鬭翻飛戀香枝

勸君莫惜縷金衣把酒看花須强飲明朝後日漸離披惜芳時

望仙門

紫薇枝上露華濃起秋風管絃聲細出簾櫳象筵中仙酒斟雲液仙歌轉繞梁虹此時佳會慶相逢慶相逢歡醉且從容

又

玉壺清漏起微涼好秋光金盃重疊滿瓊漿會仙郎

新曲調絲管新聲更颭霓裳博山爐暖泛濃香泛濃香
為壽百千長

又

玉池波浪碧如鱗露蓮新清歌一曲翠眉嚬舞華茵
滿酌蘭英酒須知獻壽千春太平無事荷君恩荷君恩
齊唱望仙門

謁金門

秋露墜滴盡楚蘭紅淚往事舊歡何限意思量如夢寐

人貌老於前歲風月宛然無異座有嘉賓樽有桂莫辭終夕醉

清平樂

春花秋草只是催人老總把千山眉黛埽未抵別愁多少　勸君綠酒金盃莫嫌絲管聲催兎走烏飛不住人生幾度三臺

又

秋光向晚小閣初開讌林葉殷紅猶未徧雨後青苔滿

院　蕭娘勸我金卮殷懃更唱新詞暮去朝來即老人
生不飲何為
又
春來秋去往事知何處燕子歸飛蘭泣露光景千留不
住　酒闌人散草草閑階獨倚梧桐記得去年今日依
前黃葉西風
又
金風細細葉葉梧桐墜綠酒初嘗人易醉一枕小窗濃

睡　紫薇朱槿花残斜陽却照闌干雙燕欲歸時節銀
屏昨夜微寒

又

紅牋小字説盡平生意鴻雁在雲魚在水惆悵此情難
寄　斜陽獨倚西樓遥山恰對簾鉤人面不知何處緑
波依舊東流

更漏子

蕣華濃山翠淺一寸秋波如剪紅日永綺筵開暗隨仙

馭來　遏雲聲回雪袖占斷曉鶯春柳纔送目又顰眉
此情誰得知

又

塞鴻高仙露滿秋入銀河清淺逢好客且開眉盛年能
幾時　寶箏調羅袖軟拍碎畫堂檀板須盡醉莫推辭
人生多別離

又

雪藏梅煙著柳依約上春時候初送雁欲聞鶯綠池波

浪生　探花開留客醉憶得去年情味金盞酒玉爐香

任他紅日長

又

菊花殘梨葉墮可惜良辰虛過新酒熟綺筵開不辭紅

玉盃　蜀絃高羌管脆慢颭舞娥香袂君莫笑醉鄉人

熙熙長似春

相思兒令

昨日探春消息湖上綠波平無奈繞堤芳草還向舊痕

生　有酒且醉瑤觥更何妨檀板新聲誰教楊柳千絲
就中牽繫人情
又
春色漸芳菲也遲日滿煙波正好豔陽時節爭奈落花
何　醉殺擬恣狂歌斷腸中贏得愁多不如歸傍紗窗
有人重畫雙蛾
喜遷鶯
風轉蕙露催蓮鶯語尚綿蠻堯蓂隨月欲團圓真馭降

荷蘭　褰油幕調清樂四海一家同樂千官心在玉爐香聖壽祝天長

又

歌歛黛舞縈風遲日象筵中分行珠翠簇繁紅雲髻裊衣瓏璁　金爐煖龍香遠共祝堯齡萬萬曲終休解畫羅衣留伴綵雲飛

又

花不盡柳無窮應與我情同觥船一棹百分空何處不

相逢　朱紘悄知音少天若有情應老勸君看取利名場今古夢茫茫

又

燭飄花香掩爐中夜酒初醒畫樓殘笛兩三聲窗外月朧明　曉簾垂驚鵲去好夢不知何處南園春色已歸來庭樹有寒梅

又

曙河低斜月淡簾外早涼天玉樓清唱倚朱紘餘韻入

疎煙　臉霞輕眉翠重欲舞釵鈿搖動人人如意祝爐
香萬壽百千長

撼庭秋

別來音信千里恨此情難寄碧紗秋月梧桐夜雨幾回
無寐　樓高目斷天遙雲黯只堪顦顇念蘭堂紅燭心
長焰短向人垂淚

胡擣練

小桃花與早梅花盡是芳妍品格未上東風先拆分付

春消息　佳人釵上玉尊前朶朶穠香堪惜誰把彩毫
描得免恁輕拋擲

秋蕊香

梅蕊雪殘香瘦羅幙輕寒微透多情只似春楊柳占斷
可憐時候　蕭娘勸我盃中酒翻紅袖金烏玉兎長飛
走爭得朱顏依舊

又

向曉雪花呈瑞飛徧玉城瑶砌何人剪碎天邊桂散作

瑶田瓊蕋　蕭娘斂盡雙蛾翠迴香袂今朝有酒今朝醉遮莫更長無睡

滴滴金

梅花漏泄春消息柳絲長草芽碧不覺星霜鬢邊白念時光堪惜　蘭堂把酒留嘉客對離筵駐行色千里音塵便疎隔合有人相憶

燕歸梁

雙燕歸飛遶畫堂似留戀虹梁清風明月好時光更何

況綺筵張　雲衫侍女頻傾壽酒加意動笙簧人人心
在玉爐香慶佳會祝筵長

又

金鴨香爐起瑞煙呈妙舞開筵陽春一曲動朱絃斟美
酒泛觥船　中秋五日風清露爽猶是早涼天蟠桃花
發一千年祝長壽比神仙

望漢月

千縷萬條堪結占斷好風良月謝娘春晚先多愁更撩

亂絮如雪　短亭相送處長憶得醉中攀折年年歲歲
好時節怎奈有人離別

少年遊

重陽過後西風漸緊庭樹葉紛紛朱闌向曉芙蓉妖豔
特地鬬芳新　霜前月下斜紅淡蕋明媚欲回春莫將
瓊蕚等閒分留贈意中人

又

霜華滿樹蘭凋蕙慘秋豔入芙蓉臙脂嫩臉金黃輕蕋

猶自怨西風　前歡往事當歌對酒無限到心中更憑朱檻憶芳容腸斷一枝紅

又

芙容花發去年枝雙燕欲歸飛蘭堂風軟金爐香煖新曲動簾帷　家人拜上千春壽深意滿瓊卮綠鬢朱顏道家裝束長似少年時

又

謝家庭檻曉無塵芳宴祝良辰風流妙舞櫻桃清唱依

約駐行雲　榴花一盞濃香滿為壽百千春歲歲年年
共歡同樂嘉慶與時新

雨中花

剪翠妝紅欲就折得清香滿袖一對鴛鴦眠未足葉下
長相守　莫傍細條尋嫩藕怕綠刺罥衣傷手可惜許
月明風露好恰在人歸後

迎春樂

長安紫陌春歸早嚲垂楊染芳草被啼鶯語燕催清曉

正好夢頻驚覺　當此際青樓臨大道幽會處兩情多少莫惜明珠百琲占取長年少

紅窗聽

淡薄梳粧輕結束天付與臉紅眉綠斷環書素傳情久許雙飛同宿　一餉無端分比目誰知道風前月底相看未足此心終擬覓鸞絃重續

又

記得香閨臨別語彼此有萬重心訴淡雲輕靄知多少

隔桃源無處　夢覺相思天欲曙依前是銀屏畫燭宵
長歲暮此時何計託鴛鴦飛去

睿恩新

芙容一朵霜秋色迎曉露依依先拆似佳人獨立傾城
傍朱檻暗傳消息　靜對西風脉脉金蕋綻粉紅如滴
向蘭堂莫厭重新免清夜微寒漸逼

又

紅絲一曲傍階砌珠露下獨呈纖麗剪鮫綃碎作香英

分彩線簇成嬌蕋　向晚羣花新悴放朵朵似延秋意
待佳人插向釵頭更裊裊低臨鳳髻

玉樓春

東風昨夜回梁苑日脚依稀添一線旋開楊柳綠蛾眉
暗折海棠紅粉面　無情一去雲中雁有意歸來梁上
燕有情無意且休論莫向酒盃容易散

又

簾旌浪卷金泥鳳宿醉醒來長懵鬆海棠開後曉寒輕

柳絮飛時春睡重　美酒一盃誰與共往事舊歡時節動不如憐取眼前人免使勞魂兼役夢

又

燕鴻過後鶯歸去細算浮生千萬緒長於春夢幾多時散似秋雲無覓處　聞琴解佩神仙侶挽斷羅衣留不住勸君莫作獨醒人爛醉花間應有數

又

池塘水綠風微暖記得玉真初見面重頭歌韻響錚深

入破舞腰紅亂旋　玉鈎闌下香階畔醉後不知斜日
晚當時共我賞花人點檢如今無一半

又

玉樓朱閣橫金鎖寒食清明春欲破窗間斜月兩眉愁
簾外落花雙淚墮　朝雲聚散真無那百歲相看能幾
箇別來將為不牽情萬轉千回思想過

又

朱簾半下香銷印二月東風催柳信琵琶旁畔且尋思

鸚鵡前頭休借問　驚鴻去後生離恨紅日長時添酒困未知心在阿誰邊滿眼淚珠言不盡

又

杏梁歸燕雙回首黄蜀葵花開應候畫堂元是降生辰玉盞更斟長命酒　爐中百和添香獸簾外青蛾回舞袖此時紅粉感恩人拜向月宫千歳壽

又

紫薇朱槿繁開後枕簟微涼生玉漏玳筵初啓日穿簾

檀板欲開香滿袖　紅衫侍女頻傾酒龜鶴仙人來獻壽歡聲喜氣逐時新青鬢玉顏長似舊

又

春葱指甲輕攏撚五彩條垂雙袖捲雪香濃透紫檀槽胡語急隨紅玉腕　當頭一曲情無限入破錚深金鳳戰百分芳酒祝長春再拜斂容擡粉面

又

紅條約束瓊肌穩拍碎香檀催急袞攏頭鳴咽水聲繁

葉下間關鸎語近　美人才子傳芳信明月清風傷別

恨未知何處有知音長為此情言不盡

鳳銜盃

青蘋昨夜秋風起無限個露蓮相倚獨凭朱闌愁放晴

天際空目斷遥山翠　彩箋長錦書細誰信道兩情難

寄可惜良辰好景歡娛地只恁空顦顇

又

留花不住怨花飛向南園情緒依依可惜倒紅斜向一

枝枝經宿雨又離披　凭朱檻把金卮對芳叢惆悵多
時何況舊歡新寵阻心期滿眼是相思

又

柳條花纇惱青春更那堪飛絮紛紛一曲細絲清脆倚
朱脣斟綠酒掩紅巾　追往事惜芳辰暫時間留住行
雲端的自家心下眼中人到處覺尖新

踏莎行

細草愁煙幽花怯露凭闌總是銷魂處日高深院靜無

人時時海燕雙飛去　帶暖羅衣香殘蕙炷天長不禁
迢迢路垂楊只解惹春風何曾繫得行人住

又

祖席離歌長亭別宴香塵已隔猶迴面居人匹馬映林
嘶行人去棹依波轉　畫閣魂消高樓目斷斜陽只送
平波遠無窮無盡是離愁天涯地角尋思徧

又

碧海無波瑤臺有路思量便合雙飛去當時輕別意中

人山長水遠知何處　綺席凝塵香閨掩霧紅牋小字
憑誰附高樓目盡欲黃昏梧桐葉上蕭蕭雨

又

綠樹歸鶯雕梁別燕春光一去如流電當歌對酒莫沉
吟人生有限情無限　弱袂縈春修蛾寫怨秦箏寶柱
頻移雁樽中綠醑意中人花朝月下長相見

又

小徑紅稀芳郊綠徧高臺樹色陰陰見春風不解禁楊花

濛濛亂撲行人面　翠葉藏鶯朱簾隔燕爐香靜逐遊絲轉一場愁夢酒醒時斜陽却照深深院

臨江仙

資善堂中三十載舊人多是凋零與君相見最傷情一尊如舊聊且話平生　此别要知須強飲雪殘風細長亭待君歸覲九重城帝宸思舊朝夕奉皇明

蝶戀花　舊七首攷玉枕氷寒銷暑氣是子瞻作梨葉疎紅蟬韻歇是永叔作今删去又後二首向另刻鵲踏枝攷是一調今併入仍七首

一霎秋風驚畫扇豔粉嬌紅尚折荷花面草際露蟲響徧珠簾不下留歸燕　埽掠亭臺開小院四坐清歡莫放金盃淺龜鶴命長松壽遠陽春一曲情千萬

又

紫菊初生朱槿墜月好風清漸有中秋意更漏乍長天似水銀屏展盡遙山翠　繡幕卷波香引穗急管繁絃共愛人間瑞滿酌玉盃縈舞袂南真祝壽千千歲

又　一刻六一詞　一刻東坡詞

簾幕風輕雙語燕午醉醒來柳絮飛撩亂心事一春猶未見餘花落盡青苔院　百尺朱樓閒倚徧薄雨濃雲抵死遮人面消息未知歸早晚斜陽只送平波遠

又

六曲闌干偎碧樹楊柳風輕展盡黃金縷誰把鈿箏移玉柱穿簾海燕雙飛去　滿眼游絲兼落絮紅杏開時一霎清明雨濃睡覺來鶯亂語驚殘好夢無尋處

又 上二首或刻六一詞

南雁依稀迴側陣雪霽牆陰偏覺蘭芽嫩中夜夢餘消
酒困爐香卷穗燈生暈　急景流年都一瞬往事前歡
未免縈方寸臘後花期知漸近寒梅已作東風信

又　向另刻鵲踏枝

檻菊愁煙蘭泣露羅幙輕寒燕子雙飛去明月不諳離
恨苦斜光到曉穿朱戶　昨夜西風凋碧樹獨上高樓
望盡天涯路欲寄彩箋無尺素山長水濶知何處

又

紫府羣仙名籍祕五色斑龍暫降人間媚海變桑田都不記蟠桃一熟三千歲　露滴彩旌雲遶袂誰信壺中别有笙歌地門外落花隨水逝相看莫惜尊前醉

玉堂春

帝城春暖御柳暗遮空苑海燕雙雙拂颺簾櫳女伴相攜共繞林間路折得櫻桃插髻紅　昨夜臨明微雨新英徧舊藂寶馬香車欲傍西池看觸處楊花滿袖風

又

後園春早殘雪尚濛煙草數樹寒梅欲綻香英小妹無端折盡釵頭朶滿把金尊細細傾　憶得往年同伴沉吟無限情惱亂東風莫便吹零落惜取芳菲眼下明

又

斗城池館二月風和煙暖繡戶珠簾日影初長玉轡金鞍繚繞沙堤路幾處行人映綠楊　小檻朱闌回倚千花濃露香脆管清絃欲奏新翻曲依約林間坐夕陽

漁家傲　舊刻十四首攷粉筆丹青描未得是六一詞刪去

晝鼓聲中昏又曉時光只解催人老求得淺歡風日
好齊唱調神仙一曲漁家傲　綠水悠悠天杳杳浮
生豈得長年少莫惜醉來開口笑須信道人間萬事
何時了

又

荷葉荷花相間鬬紅驕綠掩新妝就昨日小池疎雨後
鋪錦繡行人過去頻回首　倚徧朱闌凝望久鴛鴦浴
處波文皺誰喚謝娘斟美酒縈舞袖當筵勸我千長壽

又

荷葉初開猶半卷荷花欲折須微綻此葉此花真可羨
秋水畔清涼綠映紅妝面　美酒一盃留客宴拈花摘
葉情無限爭奈世人多聚散頻祝願如花似葉長相見

又

楊柳風前香百步盤心碎點真珠露疑是水仙開洞府
妝景趣紅幢綠蓋朝天路　小鴨飛來稠鬧處三三兩
兩能言語飲散短亭人欲去留不住黃昏更下蕭蕭雨

又

葉下鵁鶄眠未穩風翻露颭香成陣仙女出遊知遠近羞借問饒將綠扇遮紅粉　一掬蕋黃霑雨潤天人乞與金英嫩試折亂條醒酒困應有恨芳心易盡情無盡

又

罨畫溪邊停彩舫仙娥繡被呈新樣颯颯風聲來一餉愁四望殘紅片片隨波浪　瓊臉麗人青步障風牽一袖低相向應有錦鱗閑倚傍秋水上時時綠柄輕搖颺

又

宿蕋鬭攢金粉鬧青房暗結蜂兒小斂面似啼還似笑天與貌人間不是鉛華少　蘂軟香清無限好風頭日脚乾催老待得玉京仙子到剛向道紅顏只合長年少

又

臉傳朝霞衣翦翠重重占斷秋江水一曲採蓮風細細人未醉鴛鴦不合驚飛起　欲摘嫩條嫌綠刺閒敲畫扇偷金蕋半夜月明珠露墜多少意紅腮點點相思淚

又

越女採蓮江北岸輕橈短棹隨風便人貌與花相鬬豔

流水慢時時照影看妝面　蓮葉層層張綠繖蓮房箇

箇垂金盞一把藕絲牽不斷紅日晚回頭欲去心撩亂

又

粉面啼紅腰束素當年拾翠曾相過密意深情誰與訴

空怨慕西池夜夜風兼露　池上夕陽籠碧樹池中短

棹驚微雨水泛落英何處去人不悟東流到了無停住

又

幽鷺慢來窺品格雙魚豈解傳消息綠柄嫩香頻採摘心似纖條條不斷誰牽役　粉淚暗和清露滴羅衣染就秋江色對面不言情脉脉煙水隔無人說似長相憶

又　上二首或入六一詞

楚國細腰元自瘦文君膩臉誰描就日夜鼓聲催箭漏昏復晝紅顏豈得長依舊　醉折嫩房和蕊嗅天絲不斷清香透却傍小闌凝望久風滿袖西池月上人歸後

又

嫩緑堪裁紅欲綻蜻蜓點水魚游畔一霎雨聲香四散風颭亂高低掩映千千萬　總是凋零終有恨能無眼下生留戀何似折來妝粉面勤看翫勝如落盡秋江岸

破陣子

海上蟠桃易熟人間好月長圓惟有擘釵分鈿侶離别常多會面難此情須問天　蠟燭到明垂淚薰爐盡日生煙一點淒涼愁絶意謾道秦箏有剩絃何曾為細傳

又

燕子欲歸時節高樓昨夜西風求得人間成小會試把金尊傍菊載歌長粉面紅　斜日更穿簾幙微涼漸入梧桐多少襟懷言不盡寫向蠻牋曲調中此情千萬重

又

憶得去年今日黃花已滿東籬曾與玉人臨小檻共折香英泛酒卮長條插鬢垂　人貌不應遷換珍叢又覩芳菲重把一尊尋舊徑所惜光陰去似飛風飄露冷時

又

湖上西風斜日荷花落盡紅英金菊滿叢珠顆細海燕辭巢翅羽輕年年歲歲情　美酒一盃新熟高歌數闋堪聽不向尊前同一醉可奈光陰似水聲迢迢去未停

瑞鷓鴣 詠紅梅

越娥紅淚泣朝雲越梅從此學妖嚬臘月初頭庾嶺繁開後特染妍華贈世人　前溪昨夜深深雪朱顔不掩天真何時驛使西歸寄與相思客一枝新報道江南別

樣春

又

江南残臘欲歸時有梅紅亞雪中枝一夜前村間被瑤英折端的千花冷未知　丹青改樣匀朱粉雕梁欲畫猶疑何妨與向冬深密種秦人路夾仙溪不待夭桃客自迷

殢人嬌

二月春風正是楊花滿路那堪更別離情緒羅巾掩淚

任粉痕霑汙爭奈何千留萬留不住　玉酒頻傾宿眉
愁聚空腸斷寶箏絃柱人間後會又不知何處魂夢裏
也須時時飛去

又

玉樹微涼漸覺銀河影轉林葉靜疎紅欲徧朱簾細雨
尚遲留歸燕嘉慶日多少世人良願　楚竹驚鸞秦箏
起雁縈舞袖急翻羅薦雲迴一曲更輕攏檀板香炷遠
同祝壽期無限

又

一葉秋高向夕紅蘭露墜風月好乍涼天氣長生此日見人中喜瑞斟壽酒重唱妙聲珠綴　鳳筦移宮鈿衫迴袂簾影動鵲爐香細南真寶籙賜玉京千歲良會永莫惜流霞同醉

連理枝

玉宇秋風至簾幕生涼氣朱槿猶開紅蓮尚拆芙容含蕊送舊巢歸燕拂高簾見梧桐葉墜　嘉宴臨晨啟金

鴨飄香細鳳竹鸞絲清歌妙舞盡呈游藝願百千遐壽比神仙有年年年歲歲

又

綠樹鶯聲老金井生秋早不寒不暖裁衣按曲天時正好況蘭堂逢著壽筵開見爐香縹緲　組繡呈纖巧歌舞誇妍妙玉酒頻傾朱絃翠管移宮易調獻金盃重疊祝長生永逍遙奉道

長生樂

玉露金風月正圓臺榭早涼天畫堂嘉會組繡列芳筵
洞府星辰龜鶴福壽來添歡聲喜色同入金爐泛濃煙
清歌妙舞急管繁絃榴花滿酌觥船人盡祝富貴又
長年莫教紅日西晚留著醉神仙

又

閬苑神仙平地見碧海架蓬瀛洞門相向倚金鋪微明
處處天花撩亂飄散歌聲裝真筵壽賜與流霞滿瑶觥
紅鸞翠節紫鳳銀笙玉女雙來近彩雲隨步朝夕拜

三清為傳王母金籙祝千歲長生

山亭柳 贈歌者

家住西秦賭博藝隨身花柳上鬬尖新偶學念奴聲調有時高遏行雲蜀錦纏頭無數不負辛勤 數年來往咸京道殘盃冷炙謾消魂衷腸事託何人若有知音見採不辭徧唱陽春一曲當筵落淚重掩羅巾

拂霓裳

慶生辰慶生辰是百千春開雅宴畫堂高會有諸親鈿

函封大國玉色受絲綸感皇恩望九重天上拜堯雲
今朝祝壽祝壽數比松椿斟美酒至心如對月中人一
聲檀板動一炷蕙香焚禱仙眞願年年今日喜長新
又
喜秋成見千門萬戶樂昇平金風細玉池波浪縠文生
宿露霑羅幕微涼入畫屏張綺宴傍薰爐蕙炷和新聲
神仙雅會會此日象蓬瀛管絃清旋翻紅袖學飛瓊
光陰無暫住歡醉有閒情祝辰星願百千為壽獻瑤觥

又

笑秋天晚荷花綴露珠圓風日好數行新雁貼寒煙銀簧調脆管瓊柱撥清絃捧觥船一聲聲齊唱太平年

人生百歲離別易會逢難無事日剩呼賓友啓芳筵星霜催綠鬢風露損朱顏惜清歡又何妨沉醉玉樽前

六一詞

宋 歐陽修 撰

採桑子

輕舟短棹西湖好綠水逶迤芳草長堤隱隱笙歌處處隨 無風水面琉璃滑不覺船移微動漣漪驚起沙禽掠岸飛

又

春深雨過西湖好百卉爭妍蝶亂蜂喧晴日催花暖欲然　蘭橈畫舸悠悠去疑是神仙返照波間水闊風高颺管絃

又

畫船載酒西湖好急管繁絃玉盞催傳穩泛平波任醉眠　行雲却在行舟下空水澄鮮俯仰留連疑是湖中別有天

又

羣芳過後西湖好狼籍殘紅飛絮濛濛垂柳闌干盡日風　笙歌散盡遊人去始覺春空垂下簾櫳雙燕歸來細雨中

又

何人解賞西湖好佳景無時飛蓋相追貪向花間醉玉卮　誰知閒凭闌干處芳草斜暉水遠烟微一點滄洲白鷺飛

又

清明上巳西湖好滿目繁華爭道誰家綠柳朱輪走鈿車　遊人日莫相將去醒醉諠譁路轉堤斜直到城頭總是花

又

荷花開後西湖好載酒來時不用旌旗前後紅幢綠蓋隨　畫船撐入花深處香泛金卮烟雨微微一片笙歌醉裏歸

又

天容水色西湖好雲物俱鮮鷗鷺閒眠應慣尋常聽管絃　風清月白偏宜夜一片瓊田誰羨驂鸞人在舟中便是仙

又

殘霞夕照西湖好花塢蘋汀十頃波平野岸無人舟自横　西南月上浮雲散軒檻涼生蓮芰香清水面風來酒面醒

又

平生為愛西湖好來擁朱輪富貴浮雲俯仰流年二十春　歸來恰似遼東鶴城郭人民觸目皆新誰識當年舊主人

又

畫樓鐘動君休唱往事無蹤聚散匆匆今日歡娛幾客同　去年綠鬢今年白不覺衰容明月清風把酒何人憶謝公

又

十年一別流光速白首相逢莫話衰翁但鬭尊前語笑同　勸君滿酌君須醉盡日從容畫鷁牽風即去朝天沃舜聰

又

十年前是樽前客月白風清憂患凋零老去光陰速可驚　鬢華雖改心無改試把金觥舊曲重聽猶似當年醉裏聲

朝中措 平山堂

平山闌檻倚晴空山色有無中手種堂前垂柳別來幾度春風　文章太守揮毫萬字一飲千鍾行樂直須年少尊前看取衰翁

歸自謠　並載陽春錄名歸國謠

何處笛深夜夢回情脉脉竹風簷雨寒窻隔　離人幾歲無消息今頭白不眠特地重相憶

又

春豔豔江上晚山三四點柳絲如剪花如染　香閨寂

寂門半掩愁眉斂淚珠滴破胭脂臉

又

寒水碧水上何人吹玉笛扁舟遠送瀟湘客　蘆花千里霜月白傷行色來朝便是關山隔

長相思 舊刻四首玫深畫眉淺畫眉一首花間集刻白樂天尊前集刻唐無名氏今刪去

蘋滿溪柳遶堤相送行人溪水西回時隴月低　烟霏霏風淒淒重倚朱門聽馬嘶寒鷗相對飛

又

花似伊柳似伊花柳青春人別離低頭雙淚垂　長江東長江西兩岸鴛鴦兩處飛相逢知幾時

又

深花枝淺花枝深淺花枝相並時花枝難似伊　玉如肌柳如眉愛著鵝黃金縷衣啼粧更為誰

訴衷情　或刻山谷但清晨簾幕作珠簾繡幕易成傷作恨難忘擬歌作未歌

清晨簾幕卷輕霜呵手試梅粧都緣自有離恨故畫作遠山長　思往事惜流芳易成傷擬歌先斂欲笑還顰

最斷人腸

踏莎行

候館梅殘溪橋柳細草熏風暖搖征轡離愁漸遠漸無窮迢迢不斷如春水　寸寸柔腸盈盈粉淚樓高莫近危闌倚平蕪盡處是春山行人更在春山外

又

雨霽風光春分天氣千花百卉爭明媚畫梁新燕一雙雙玉籠鸚鵡愁孤睡　薜荔依牆莓苔滿地青樓幾處

歌聲麗驀然舊事上心來無言斂皺眉山翠

望江南

江南蝶斜日一雙雙身似何郎全傅粉心如韓壽愛偷香天賦與輕狂　微雨後薄翅膩烟光纔伴遊蜂來小院又隨飛絮過東牆長是為花忙

減字木蘭花

留春不住燕老鶯慵無覓處說似殘春一老應無却少人　風和月好辦得黃金須買笑愛惜芳時莫待無花

空折枝

又

傷懷離抱天若有情天亦老此意如何細似輕絲渺似波　扁舟岸側楓葉荻花秋索索細想前歡須著人間比夢間

又

樓臺向曉淡月低雲天氣好翠幕風微宛轉梁州入破時　香生舞袂楚女腰肢天與細汗粉重勻酒後輕寒

不著人

又

畫堂雅宴一抹朱絃初入遍慢撚輕籠玉指纖纖嫩剝葱　撥頭憁利怨月愁花無限意紅粉輕盈倚暖香檀曲未成

又

歌檀斂袂繚繞雕梁塵暗起柔潤清圓百琲明珠一綫穿　櫻唇玉齒天上仙音心下事留住行雲滿坐迷魂

酒半醺

生查子 或刻秦少游

去年元夜時花市燈如晝月到柳梢頭人約黃昏後

今年元夜時月與燈依舊不見去年人淚滿春衫袖

又 或刻張子野

含羞整翠鬟得意頻相顧雁柱十三絃一一春鶯語

嬌雲容易飛夢斷知何處深院鎖黃昏陣陣芭蕉雨

瑞鷓鴣

楚王臺上一神仙眼色相看意已傳見了又休還似夢坐來雖近遠如天　隴禽有恨猶能說江月無情也解圓更被春風送惆悵落花飛絮兩翩翩

阮郎歸

東風臨水日銜山春來長是閒落花狼籍酒闌珊笙歌醉夢間　春睡覺晚粧殘無人整翠鬟留連光景惜朱顏黃昏獨倚闌

又　或刻晏同叔

南園春早踏青時風和聞馬嘶青梅如豆柳如眉日長蝴蝶飛　花露重草烟低人家簾幕垂鞦韆慵困解羅衣畫梁雙燕棲

又　上三闋並載陽春集名醉桃源

角聲吹斷隴梅枝孤窗月影低塞鴻無限欲驚飛城烏休夜啼　尋斷夢掩深閨行人去路迷門前楊柳綠陰齊何時聞馬嘶

又

劉郎何日是來時無心雲勝伊行雲猶解傍山扉郎行去不歸　强匀畫又芳菲春深輕薄衣桃花無語伴相思陰陰月上時

又

落花浮水樹臨池年前心眼期見來無事去還思而今花又飛　淺螺黛淡燕脂閒粧取次宜隔簾風雨閉門時此情風月知

蝶戀花　舊刻二十二首攷遥夜亭皋閒信步是李中主作六曲闌干偎碧樹又簾幕風輕雙

語燕俱見珠玉詞獨倚危樓風細細又簾下清歌簾外宴俱見樂章集令俱刪去

簾幙東風寒料峭雪裏梅香先報春來早紅蠟枝頭雙燕小金刀剪綵呈纖巧　旋暖金爐薰蕙藻酒入橫波困不禁煩惱繡被五更春睡好羅幃不覺紗窗曉

又

南雁依稀回側陣雪霽牆陰遍覺蘭芽嫩中夜夢餘消酒困鑪香卷穗燈生暈　急景流年都一瞬往事前懽未免縈方寸臘後花期知漸近東風已作寒梅信

又

臘雪初消梅蕋綻梅雪相和喜鵲穿花囀睡起夕陽迷醉眼新愁長向東風亂　瘦覺玉肌羅帶緩紅杏梢頭二月春猶淺望極不來芳信斷音書縱有爭如見

又

海燕雙來歸畫棟簾影無風花影頻移動半醉騰騰春睡重綠鬟堆枕香雲擁　翠被雙盤金縷鳳憶得前春有箇人人共花裏黃鶯時一弄日斜驚起相思夢

又

回旋落花風蕩漾柳重烟深雪絮飛來往雨後輕寒猶未放春愁酒病成惆悵　枕畔屏山圍碧浪翠被華燈夜夜空相向寂寞起來褰繡幌月明正在梨花上

又　一見陽春錄易安李氏稱是六一詞

庭院深深深幾許楊柳堆烟簾幙無重數玉勒雕鞍遊冶處樓高不見章臺路　雨橫風狂三月暮門掩黃昏無計留春住淚眼問花花不語亂紅飛過鞦韆去

又

永日環隄乘綵舫烟草蕭踈恰似晴江上水浸碧天風皺浪菱花荇蔓隨雙槳　紅粉佳人翻麗唱驚起鴛鴦兩兩飛相向且把金尊傾美醴休思往事成惆悵

又

越女採蓮秋水畔窄袖輕羅暗露雙金釧照影摘花花似面芳心只共絲爭亂　鸂鶒灘頭風浪晚霧重烟輕不見來時伴隱隱歌聲歸棹遠離愁引著江南岸

又

水浸秋天風皺浪縹緲仙舟只似秋天上和露採蓮愁一餉看花卻是啼粧樣　折得蓮莖絲未放蓮斷絲牽特地成惆悵歸棹莫愁花蕩漾江頭有箇人相望

又

一刻同叔
一刻子瞻

梨葉初紅蟬韻歇銀漢風高玉管聲淒切枕簟乍涼銅漏徹誰教社燕輕離別　草際蟲吟秋露結宿酒醒來不記歸時節多少衷腸猶未說珠簾夜夜朦朧月

又 亦載陽春錄

誰道閒情拋棄久每到春來惆悵還依舊日日花前常
病酒不辭鏡裏朱顏瘦　河畔青蕪堤上柳為問新愁
何事年年有獨立小橋風滿袖平林新月人歸後

又

翠苑紅芳晴滿目綺席流鶯上下長相逐紫陌閒隨金
轣轆馬蹄踏遍春郊綠　一覺年華春夢促往事悠悠
百種尋思足烟雨滿樓山斷續人閒倚遍闌干曲

又

小院深深門掩亞寂莫珠簾畫閣重重下欲近禁烟微雨罷綠楊深處鞦韆挂　傅粉狂遊猶未捨不念芳時眉黛無人畫薄倖未歸春去也杏花零落香紅謝

又 亦載陽春錄

幾日行雲何處去忘了歸來不道春將莫百草千花寒食路香車繫在誰家樹　淚眼倚樓頻獨語雙燕來時陌上相逢否撩亂春愁如柳絮依依夢裏無尋處

又

欲過清明烟雨細小檻臨窻點點殘花墜梁燕語多驚曉睡銀屏一半堆香被　新歲風光如舊歲所恨征輪漸漸程迢遞縱有遠情難寫寄何妨解有相思淚

又

畫閣歸來春又晚燕子雙飛柳軟桃花淺細雨滿天風滿院愁眉斂盡無人見　獨倚闌干心緒亂芳草芊綿尚憶江南岸風月無情人暗換舊遊如夢空腸斷

又

嘗愛西湖春色早臘雪方銷已見桃開小頃刻光陰都過了如今綠暗紅英少　且趁餘花謀一笑況有笙歌豔態相縈繞老去風情應不到憑君剩把芳尊倒

漁家傲　舊刻三十二首攷幽鷺謾來窺品格又楚國細腰元自瘦俱晏元獻公作今刪去

一派潺湲流碧漲新亭四面山相向翠竹嶺頭明月上迷俯仰月輪正在泉中漾　更待高秋天氣爽菊花香裏開新釀酒美賓嘉真勝賞紅粉唱山深分外歌聲響

又

十月小春梅蕋綻紅爐畫閣新裝遍錦帳美人貪睡暖羞起晚玉壺一夜冰澌滿　樓上四垂簾不卷天寒山色偏宜遠風急雁行吹字斷紅日短江天雪意雲撩亂

又 與趙康靖公

四紀才名天下重三朝構廈為梁棟定冊功成身退勇辭榮寵歸來白首笙歌擁　顧我薄才無可用君恩近許歸田壠今日一觴難得共聊對捧官奴為我高歌送

又

暎日遲遲花裊裊人將紅粉爭花好花不能言惟解笑金壺倒花開未老人年少　車馬九門來擾擾行人莫羡長安道丹禁漏聲衢鼓報催昏曉長安城裏人先老

又

紅粉牆頭花幾樹落花片片和驚絮牆外有樓花有主尋花去隔牆遥見鞦韆侶　綠索紅旗雙彩柱行人只得偷回顧腸斷樓南金鎖戶天欲莫流鶯飛到鞦韆處

又

妾本錢塘蘇小妹芙容花共門相對昨日為逢青傘蓋慵不採今朝斗覺凋零⿰日然　愁倚畫樓無計奈亂紅飄過秋塘外料得明年秋色在香可愛其如鏡裏花顏改

又

花底忽聞敲兩槳逡巡女伴來尋訪酒盞旋將荷葉當蓮舟蕩時時盞裏生紅浪　花氣酒香清廝釀花腮酒面紅相向醉倚綠陰眠一餉驚起望船頭閣在沙灘上

又

葉有清風花有露葉籠花罩鴛鴦侶白錦頂絲紅錦羽蓮女妬驚飛不許長相聚　日脚沉紅天色莫清涼傘上微微雨早是水寒無宿處須回步枉教雨裏分飛去

又

荷葉田田青照水孤舟挽在花陰底昨夜蕭蕭踈雨墜愁不寐朝來又覺西風起　雨擺風搖金蕋碎合歡枝上香房翠蓮子與人長厮類無好意年年苦在中心裏

又

葉重如將青玉亞花輕疑是紅綃挂顏色清新香脫灑堪長價牡丹怎得稱王者　雨筆露牋匀彩畫日爐風炭熏蘭麝天與多情絲一把誰厮惹千條萬縷縈心下

又　一刻同叔

粉蕋丹青描不得金針線線功難敵誰傍暗香輕採摘風淅淅船頭觸散雙鸂鶒　夜雨染成天水碧朝陽借出胭脂色欲落又開人共惜秋氣逼盤中巳見新荷菂

又

喜鵲填河仙浪淺雲軿早在星橋畔街鼓黃昏霞尾暗炎光歛金鈎側倒天西面　一別經年今始見新歡往恨知何限天上佳期貪眷戀良宵短人間不合催銀箭

又

乞巧樓頭雲幔卷浮花催洗嚴粧面花上蛛絲尋得遍顰笑淺雙眸望月牽紅線　奕奕天河光不斷有人正在長生殿暗付金釵清夜半千秋願年年此會長相見

又

別恨長長歡計短疎鐘促漏真堪怨此會此情都未半星初轉鸞琴鳳樂怱怱卷　河鼓無言西北眄香蛾有恨東南遠脉脉橫波珠淚滿歸心亂離腸便逐星橋斷

又

九日歡遊何處好黄花萬蕋雕欄遶通體清香無俗調天氣好烟滋露結功多少　日脚清寒高下照寶釘密綴圓斜小落葉西園風嫋嫋催秋老叢邊莫厭金樽倒

又

青女霜前催得綻金鈿亂散枝頭徧落帽臺高開雅宴芳尊滿挼花吹在流霞面　桃李三春雖可羨鶯來蝶去芳心亂爭似仙潭秋水岸香不斷年年自作茱萸伴

又

露裛嬌黃風擺翠人閑晚秀非無意仙格淡粧天與麗誰可比女真裝束真相似　筵上佳人牽翠袂纖纖玉手挼新蕊美酒一盃花影膩邀客醉紅瓊共作熏熏媚

又

對酒當歌勞客勸惜花只惜年華晚寒豔冷香秋不管情眷眷凭闌盡日愁無限　思抱芳期隨塞雁悔無深意傳雙燕悵望一枝難寄遠人不見樓頭望斷相思眼

又　以下元刻續添次玉樓春後

正月斗杓初轉勢金刀剪綵功夫異稱慶高堂歡幼稚看柳意偏從東面春風至　十四新蟾圓尚未樓前乍看紅燈試冰散綠池泉細細魚欲戲園林巳是花天氣

又

二月春畊昌杏密百花次第爭先出惟有海棠梨第一深淺拂天生紅粉真無匹　畫棟歸來巢未失雙雙款語憐飛乙留客醉花迎曉日金盞溢却憂風雨飄零疾

又

三月清明天婉娩晴川祓禊歸來晚況是踏青來處遠猶不倦秋千別閉深庭院　更值牡丹開欲遍酴醾壓架清香散花底一樽誰解勸增眷戀東風向晚無情絆

又

四月園林春去後深深密幄陰初茂折得花枝猶在手香滿袖葉間梅子青如豆　風雨時時添氣候成行新筍霜筠厚題就送春詩幾首聊對酒櫻桃色照銀盤溜

又

五月榴花妖豔烘綠楊帶雨垂垂重五色新絲纏角粽金盤送生綃畫扇盤雙鳳　正是浴蘭時節動菖蒲酒美清尊共葉裏黃鸝時一哢猶鬆髻鬆等閒驚破紗窗夢

又

六月炎天時霎雨行雲涌出奇峯露沼上嫩蓮腰束素風兼露梁王宮闕無煩暑　畏日亭亭殘蕙炷傍簾乳燕雙飛去碧盌敲氷傾玉處朝與暮故人風快涼輕度

又

七月新秋風露早渚蓮尚折庭梧老是處瓜華時節好金尊倒人間綵縷爭祈巧　萬葉敲聲涼乍到百蟲啼晚烟如埽箭漏初長天杳杳人語悄那堪夜雨催清曉

又

八月秋高風歷亂衰蘭敗芷紅蓮岸皓月十分光正滿清光畔年年常願瓊筵看　社近愁看歸去燕江天空闊雲容漫宋玉當時情不淺成幽怨鄉關千里危腸斷

又

九月霜秋秋已盡烘林敗葉紅相映惟有東籬黃菊盛遺金粉人家簾幕重陽近　曉日陰陰晴未定授衣時節輕寒嫩新雁一聲風又勁雲欲凝雁來應有吾鄉信

又 重前畧異 仍舊並刻

十月小春梅蘂綻紅樓畫閣新粧遍鴛帳美人貪睡暖梳洗嬾玉壺一夜輕澌滿　樓上四垂簾不卷天寒山色偏宜遠風急雁行吹字斷紅日晚江天雪意雲撩亂

又

十一月新陽排壽宴黃鍾應管添宮線獵獵寒威雲不卷風頭轉時看雪霰吹人面　南至迎長知漏箭書雲紀候氷生研臘近探春春尚遠閒亭院梅花落盡千千

片

又

十二月嚴凝天地閉莫嫌臺榭無花卉惟有酒能欺雪意增豪氣直教耳熱笙歌沸　隴上雕鞍惟數騎獵圍半合新霜裏霜重鼓聲寒不起千人指馬前一雁寒空墜

玉樓春

風遲日媚烟光好綠樹依依芳意早年華容易即凋零

春色只宜長恨少 池塘隱隱驚雷曉柳眼未開梅蕚小尊前貪愛物華新不道物新人漸老

又

西亭飲散清歌闋花外遲遲宮漏發塗金燭引紫騮嘶柳曲西頭歸路別 佳辰只恐幽期闊密贈殷勤衣上結翠屏魂夢莫相尋禁斷六街清夜月

又

春山斂黛低歌扇暫解吳鉤登祖宴畫樓鐘動已魂銷

何況馬嘶芳草岸　青門柳色隨人遠望欲斷時腸已斷洛陽春色待君來莫到落花飛似霰

又

尊前擬把歸期說未語春容先慘咽人生自是有情癡此恨不關風與月　離歌且莫翻新闋一曲能教腸寸結直須看盡洛城花始共春風容易别

又

洛陽正值芳菲節穠豔清香相間發遊絲有意苦相縈

垂柳無端爭贈別　杏花紅處青山缺山畔行人山下歇今宵誰肯遠相隨惟有寂寥孤館月

又

殘春一夜狂風雨斷送紅飛花落樹人心花意待留春春色無情容易去　高樓把酒愁獨語借問春歸何處所莫雲空闊不知音惟有綠楊芳草路

又

常憶洛陽風景媚烟暖風和添酒味鶯啼宴席似留人

花出牆頭如有意　別來已隔千山翠望斷危樓斜日
墜闌心只為牡丹紅一片春愁來夢裏

又

池塘水綠春微暖記得玉真初見面從頭歌韻響錚鏦
入破舞腰紅亂旋　玉鈎簾下香堦畔醉後不知紅日
晚當時共我賞花人點檢如今無一半

又

兩翁相遇逢佳節正值柳綿飛似雪便須豪飲敵青春

莫對新花羞白髮　人生聚散如弦筈老去風情尤惜
別大家金盞倒垂蓮一任西樓低曉月

又

西湖南北烟波闊風裏絲簧聲韻咽舞餘裙帶綠雙垂
酒入香腮紅一抹　盃深不覺瑠璃滑貪看六幺花十
八明朝車馬各東西惆悵畫橋風與月

又

燕鴻過後春歸去細算浮生千萬緒來如春夢幾多時

去似朝雲無覓處　聞琴解珮神仙侶挽斷羅衣留不住勸君莫作獨醒人爛醉花間應有數

又

蝶飛芳草花飛路把酒已嗟春色暮當時枝上落殘花今日水流何處去　樓前獨遶鳴蟬樹憶把芳條吹煗絮紅蓮綠芰亦芳菲不奈金風兼玉露

又

別後不知君遠近觸目淒涼多少悶漸行漸遠漸無書

水闊魚沉何處問　夜深風竹敲秋韻萬葉千聲皆是恨故欹單枕夢中尋夢又不成燈又燼

又

紅絛約束瓊肌穩拍碎香檀催急袞隴頭嗚咽水聲繁葉下間關鶯語近　美人才子傳芳信明月清風傷別恨未知何處有知音常為此情留此恨

又

檀槽碎響金絲撥露溼潯陽江上月不知商婦為誰愁

一曲行人留夜發　畫堂花月新聲別紅蕋調長彈未徹暗將深意祝膠弦惟願絃絃無斷絕

又

春蔥指甲輕攏撚五彩垂條雙袖卷雪香濃透紫檀槽胡語急隨紅玉腕　當頭一曲情何限入破錚鏦金鳳戰百分芳酒祝長春再拜斂容擡粉面

又

金花盞面紅烟透舞急香茵隨步皺青春才子有新詞

紅粉佳人重勸酒　也知自為傷春瘦歸騎休交銀燭
候擬將沉醉為清歡無奈醒來還感舊

又

雪雲乍變春雲簇漸覺年華堪送目北枝梅蕋犯寒開
南浦波紋如酒綠　芳菲次第還相續不奈情多無處
足尊前百計得春歸莫為傷春歌黛蹙

又 柳

黃金弄色輕於粉濯濯春條如水嫩為緣力薄未禁風

不奈多嬌長似困　腰柔乍怯人相近眉小未知春有恨勸君著意惜芳非莫待行人攀折盡

又

珠簾半下香銷印二月東風催柳信琵琶傍畔且尋思鸚鵡前頭休借問　驚鴻過後生離恨紅日長時添酒困未知心在阿誰邊滿眼淚珠言不盡

又

沉沉庭院鶯吟弄日暖烟和春氣重綠楊嬌眼為誰回

芳草深心空自動　倚闌無語傷離鳳一片風情無處用尋思還有舊家心蝴蝶時時來役夢

又

去時梅蕚初凝粉不覺小桃風力損梨花最晚又凋零何事歸期無定準　闌干倚遍重來凭淚粉偷將紅袖印蜘蛛喜鵲誤人多似此無憑安足信

又

酒美春濃花世界得意人人千萬態莫教辜負豔陽天

過了堆金何處買　已去少年無計奈且願芳心長恁
在閒愁一點上心來算得東風吹不解

又

湖邊柳外樓高處望斷雲山多少路闌干倚遍使人愁
又是天涯初日暮　輕無管繫狂無數水畔花飛風裏
絮算伊渾似薄情郎去便不來來便去

又

南園粉蝶能無數度翠穿紅來復去倡條冶葉恣留連

飄蕩輕于花上絮　朱闌夜夜風兼露宿粉棲香無定
所多情翻却似無情贏得百花無限妬

又 子規

江南三月春光老月落禽啼天未曉露和啼血染花紅
恨過千家烟樹杪　雲埀玉枕屏山小夢欲成時驚覺
了人心應不似伊心若解思歸歸合早

又

東風本是開花信及至花時風更緊吹開吹謝苦匆匆

春意到頭無處問　把酒臨風千萬恨欲埽殘紅猶未忍夜來風雨轉離披滿眼凄涼愁不盡

又

陰陰樹色籠晴晝清淡園林春過後杏腮輕粉日催紅池面綠羅風卷皺　佳人向晚新粧就圓膩歌喉珠欲溜當筵莫放酒盃遲樂事良辰難入手

又

芙容鬬暈胭脂淺留著晚花開小宴畫船紅日晚風清

柳色溪光晴照暎　美人爭勸梨花盞舞困玉腰裊縷慢莫交銀燭促歸期已祝斜陽休更晚

南歌子

鳳髻金泥帶龍紋玉掌梳走來窗下笑相扶愛道畫眉深淺入時無　弄筆偎人久描花試手初等閒妨了繡功夫笑問雙鴛鴦字怎生書

御街行

天非華豔輕非霧來夜半天明去來如春夢不多時去

似朝雲何處乳雞酒燕落星沉月紞紞城頭鼓　參差
漸辨西池樹朱閣斜敧戶綠苔深徑少人行苔上屐痕
無數遺香餘粉剩衾閑枕天把多情賦

虞美人影

梅梢弄粉香猶嫩欲寄江南春信別後寸腸縈損說與
伊爭穩　小爐獨守寒灰燼忍淚低頭畫盡眉上萬重
新恨竟日無人問

又

鶯愁燕苦春歸去寂寂花飄紅雨碧草綠楊岐路況是長亭暮　小年行客情難訴泣對東風無語目斷兩三烟樹翠隔江淹浦

臨江仙

柳外輕雷池上雨雨聲滴碎荷聲小樓西角斷虹明闌干倚處待得月華生　燕子飛來窺畫棟玉鉤垂下簾旌涼波不動簟紋平水精雙枕傍有墮釵橫

又

記得金鑾同唱第春風上國繁華如今薄宦老天涯十年岐路空負曲江花　聞說閬山通閬苑樓高不見君家孤城寒日等閒斜離愁難盡紅樹遠連霞

聖無憂

世路風波險十年一别須臾人生聚散長如此相見且歡娛　好酒能消光景春風不染髭鬚為公一醉花前倒紅袖莫來扶

浪淘沙

把酒祝東風且共從容垂楊紫陌洛城東總是當時攜手處遊遍芳叢　聚散苦匆匆此恨無窮今年花勝去年紅可惜明年花更好知與誰同

又

花外倒金翹飲散無憀柔桑蔽日柳迷條此地年時曾一醉還是春朝　今日舉輕橈帆影飄飄長亭回首短亭遥過盡長亭人更遠特地魂銷

又

五嶺麥秋殘荔子初丹絳紗囊裏水晶丸可惜天教生處遠不近長安　往事憶開元妃子偏憐一從魂散馬嵬關只有紅塵迷驛使滿眼驪山

又

萬恨苦綿綿舊約前歡桃花溪畔柳陰間幾度日高春睡重繡戶深關　樓外夕陽閒獨自憑闌一重水隔一重山水闊山高人不見有淚無言

又

今日北池遊漾漾輕舟波光瀲灧柳條柔如此春來春又去白了人頭　好妓好歌喉不醉難休勸君滿滿酌金甌總使花時常病酒也是風流

定風波

把酒花前欲問他對花何恡醉顏酡春到幾人能爛賞何況無情風雨等閒多　豔樹香䕺都幾許朝暮惜紅愁粉奈情何好是金船浮玉浪相向十分深送一聲歌

又

把酒花前欲問伊忍嫌金盞負春時紅豔不能旬日看
宜算須知開謝只相隨　蝶去蝶來猶解戀難見回頭
還是度年期莫候飲闌花已盡方信無人堪與補殘枝

又

把酒花前欲問公對花何事訴金鍾為甚去年春甚處
虛度鶯聲撩亂一場空　今歲春來須愛惜難得須知
花面不長紅待得酒醒君不見千片不隨流水即隨風

又

把酒花前欲問君世間何計可留春縱使青春留得住虛語無情花對有情人　任是好花須落去自古紅顏能得幾時新暗想浮生何事好唯有清歌一曲倒金樽

又

過盡韶華不可添小樓紅日下層簷春睡覺來情緒惡寂寞楊花撩亂拂珠簾　早是閒愁依舊在無奈那堪更被宿酲兼把酒送春惆悵甚長恁年年三月病懨懨

又

對酒追歡莫負春春光歸去可饒人昨日紅芳今綠樹已暮殘花飛絮兩紛紛　粉面麗姝歌窈窕清妙樽前信任醉醺醺不是狂心貪燕樂自覺年來白髮滿頭新

驀山溪

新正初破三五銀蟾滿纖手染香羅剪紅蓮滿城開遍樓臺上下歌管咽春風駕香輪停寶馬只待金烏晚帝城今夜羅綺誰為伴應卜紫姑神問歸期相思望斷天涯情緒對酒且開顏春宵短春寒淺莫待金盃煖

浣溪沙

雲曳香綿彩柱高絳旗風颭出花梢一梭紅帶往來抛
束素美人羞不打却嫌裙慢褪纖腰日斜深院影空
揺

又

堤上遊人逐畫船拍堤春水四垂天綠楊樓外出鞦韆
白髮戴花君莫笑六幺催拍盞頻傳人生何處似尊
前

又

湖上朱橋響畫輪溶溶春水浸春雲碧瑠璃滑淨無塵

當路遊絲縈醉客隔花啼鳥喚行人日斜歸去奈何

春

又

葉底青青杏子垂枝頭薄薄柳綿飛日高深院晚鶯啼

堪恨風流成薄倖斷無消息道歸期托腮無語翠眉

低

又 或入珠玉詞 或入淮海詞

青杏園林煮酒香佳人初試薄羅裳柳絲搖曳燕飛忙乍雨乍晴花自落閒愁閒悶晝偏長為誰消瘦損容光

又

紅粉佳人白玉盃木蘭船穩棹歌催綠荷風裏笑聲來細雨輕烟籠草樹斜橋曲水遶樓臺夕陽高處畫屏閑

又

翠袖嬌鬟舞石州兩行紅粉一時羞新聲難逐管絃愁
白髮主人年未老清時賢相望偏優一尊風月為公
留

又

燈燼垂花月似霜薄簾映月兩交光酒醺紅粉自生香
雙手舞餘拖翠袖一聲歌已釂金觴休回嬌眼斷人
腸

又

十載相逢酒一卮故人纔見便開眉老來遊舊更同誰
浮世歌歡真易失宦途離合信難期尊前莫惜醉如
泥

御帶花

青春何處風光好帝里偏愛元夕萬重繒綵構一屏峰
嶺半空金碧寶槃銀釭耀絳幕龍虎騰擲沙堤遠雕輪
繡轂爭走五王宅　雍容熙熙作晝會樂府神姬海洞

仙客拽香搖翠稱執手行歌錦街天陌月淡寒輕漸向曉漏聲寂寂當年少狂心未已不醉怎歸得

虞美人

爐香晝永龍烟白風動金鸞額畫屏寒掩小山川睡容初起枕痕圓墜花鈿　樓高不及烟霄半望盡相思眼豔陽剛愛挫愁人故生芳草碧連雲怨王孫

鶴冲天

梅謝粉柳拖金香滿舊園林養花天氣半晴陰花好却

愁深　花無數愁無數花好却愁春去戴花持酒祝東風千萬莫匆匆

夜行船

憶昔西都懽縱自別後有誰能共伊川山水洛川花細尋思舊遊如夢　記今日相逢情愈重愁聞唱畫樓鐘動白髮天涯逢此景倒金尊殢誰相送

又

滿眼東風飛絮催行色短亭春暮落花流水草連雲看

看是斷腸南浦　檀板未終人去去扁舟在綠楊深處
手把金尊難為別更那聽亂鶯疎雨

洛陽春

紅紗未曉黃鸝語蕙爐銷蘭炷錦屏羅幕護春寒昨夜
三更雨　繡簾閒倚吹輕絮斂眉山無緒看花拭淚向
歸鴻問來處逢郎否

一叢花 向誤張子野

傷春懷遠幾時窮無物似情濃離愁正恁牽絲亂更南

陌飛絮濛濛歸騎漸遥征塵不斷何處認郎蹤　雙鴛池沼水溶溶南北小橋通梯横畫閣黄昏後又還是新月簾櫳沉恨細思不如桃李還解嫁春風

雨中花

千古都門行路能使離歌聲苦送盡行人花殘春晚又道君東去　醉藉落花吹煖絮多少曲堤芳樹且攜手留連良辰美景留作相思處

千秋歲

數聲鶗鴂又報芳菲歇惜春更把殘紅折雨輕風色暴
梅子青時節永豐柳無人盡日花飛雪　莫把絲絃撥
怨極絃能說天不老情難絶心似雙絲網終有千千結
夜過也東窻未白殘燈滅

越溪春

三月十三寒食日春色遍天涯越溪閬苑繁華地傍禁
垣珠翠烟霞紅粉牆頭鞦韆影裏臨水人家　歸來晚
駐香車銀箭透窻紗有時三點兩點雨霽朱門柳細風

斜沉麝不燒金鴨玲瓏月照梨花

賀聖朝影

白雪梨花紅粉桃露華高垂楊慢舞綠絲條草如袍
風過小池輕浪起似江臯千金莫惜買香醪且陶陶

洞天春

鶯啼綠樹聲早檻外殘紅未埽露點真珠遍芳草正簾
幃清曉　鞦韆宅院悄悄又是清明過了燕蝶輕狂柳
絲撩亂春心多少

憶漢月

紅豔幾枝輕裊新被東風開了倚烟啼露為誰嬌故惹蝶憐蜂惱　多情遊賞處留戀向綠叢千繞酒闌歡罷不成歸腸斷月斜春老

清平樂

雨晴烟晚綠水新池滿雙燕飛來垂柳院小閣畫簾高捲　黃昏獨倚朱欄西南初月眉彎砌下落花風起羅衣特地春寒

又

小庭春老碧砌紅萱草長憶小闌閒共遶攜手綠叢含笑　別來音信全乖舊期前事堪猜門掩日斜人靜落花愁點青苔

應天長　舊刻三首玆綠槐陰裏黃鸝語花間集刻韋莊今刪去

一彎初月臨鸞鏡雲鬢鳳釵慵不整珠簾淨重樓迴惆悵落花風不定　綠烟低柳徑何處轆轤金井昨夜更闌酒醒春愁勝却病

又

石城山下桃花綻宿雨初晴雲未散南去棹北飛雁水闊山遥腸欲斷　倚樓情緒嬾惆悵春心無限撚度蒹葭風晚欲歸愁滿面

涼州令　東堂石榴

翠樹芳條颭的的裙腰初染佳人攜手弄芳菲綠陰紅影共展雙紋簟插花照影窺鸞鑑只恐芳容減不堪零落春晚青苔雨後深紅點　一去門閒掩重來却尋朱

檻離離秋實弄輕霜嬌紅脉脉似見胭脂臉人非事往眉空歛誰把佳期賺芳心只願長依舊春風更放明年豔

南鄉子

翠密紅繁水國涼生未是寒雨打荷花珠不定輕翻冷潑鴛鴦錦翅斑　盡日凭欄弄蘂拈花仔細看偷得裹蹄新鑄樣無端藏在紅房豔粉間

又

雨後斜陽細細風來細細香風定波平花映水休藏照出輕盈半面粧　路隔秋江蓮子深深隱翠房意在蓮心無問處難忘淚裏紅腮不記行

鵲橋仙

月波清霽烟容明淡靈漢舊期還至鵲迎橋路接天津映夾岸星榆點綴　雲屏未卷仙雞催曉腸斷去年情味多應天意不交長恁恐把歡娛容易

芳草渡

梧桐落蓼花秋烟初冷雨纔收蕭條風物正堪愁人去後多少恨在心頭　燕鴻遠羌笛怨渺渺澄波一片山如黛月如鉤笙歌散夢魂斷倚高樓

珠簾捲

珠簾捲暮雲愁垂楊暗鎖青樓烟雨濛濛如畫輕風吹旋收　香斷錦屏新別人閒玉簟初秋多少舊歡新恨書杳杳夢悠悠

更漏子

風帶寒枝正好蘭蕙無端先老情悄悄夢依依離人殊未歸　褰羅幕凭朱閣不獨堪悲搖落月東出雁南飛誰家夜擣衣

摸魚兒

卷繡簾梧桐秋院落一霎雨添新綠對小池閑立殘粧淺向晚水紋如縠凝遠目恨人去寂寂鳳枕孤難宿倚闌不足看燕拂風簷蝶翻露草兩兩長相逐　雙眉促可惜年華婉娩西風初弄庭菊況伊家年少多情未已

難拘束那堪更趂涼景追尋甚處垂楊曲佳期過盡但
不說歸來多應忘了雲屏去時祝

少年遊

去年秋晚此園中攜手翫芳藂拈花嗅蕋惱烟撩霧拚
醉倚西風　今年重對芳藂處追往事又成空敲遍闌
干向人無語惆悵滿枝紅

又

肉紅圓樣淺心黄枝上巧如裝雨輕烟重無憀天氣啼

破曉來粧　寒輕貼體風頭冷忍拋棄向秋光不會深心為誰惆悵回面恨斜陽

又

玉壺氷瑩獸爐灰人起繡簾開春叢一夜六花開盡不待剪刀催　洛陽城闕中天起高下遍樓臺絮亂風輕拂鞍霑袖歸路似章街

行香子

舞雪歌雲閒淡粧勻藍溪水染輕裙酒香醺臉粉色生

春更雅談話好情性美精神　空江不斷淩波何處向越橋邊青柳朱門斷鐘殘角又送黃昏奈眼中淚心中事意中人

鷓鴣天

學畫宮眉細細長芙容出水鬭新粧只知一笑能傾國不信相看有斷腸　雙黃鵠兩鴛鴦迢迢雲水恨難忘早知今日長相憶不及從初莫作雙

六一詞

仿古版文淵閣四庫全書

集部・珠玉詞 六一詞

編纂者◆（清）紀昀 永瑢等
董事長◆施嘉明
總編輯◆方鵬程
編印者◆本館四庫籌備小組
承製者◆博創印藝文化事業有限公司

出版發行：臺灣商務印書館股份有限公司
台北市重慶南路一段三十七號
電話：(02)2371-3712
讀者服務專線：0800056196
郵撥：0000165-1
網路書店：www.cptw.com.tw
E-mail：ecptw@cptw.com.tw
網址：www.cptw.com.tw

局版北市業字第 993 號
初版一刷：1986 年 5 月
二版一刷：2010 年 10 月
三版一刷：2012 年 10 月
定價：新台幣 900 元　A7620254

國立故宮博物院授權監製
臺灣商務印書館數位製作

ISBN 978-957-05-2766-7

國家圖書館出版品預行編目 (CIP) 資料

欽定四庫全書．集部 ： 珠玉詞　六一詞／（清）紀
昀，永瑢等編纂．-- 三版．-- 臺北市 ： 臺灣商
務， 2012. 10
面；　　公分
ISBN 978-957-05-2766-7（線裝）

1. 四庫全書

082.1　　　　　　　　　　　　　　101019498